Anselm Grün

Jeder Tag hat seinen Segen

Anselm Grün

Jeder Tag hat seinen Segen

Morgen- und Abendgebete für die sieben Tage der Woche

HERDER

FREIBURG · BASEL · WIEN

www.herder.de

Biblische Texte sind zitiert nach:
Die Bibel. Deutsche Ausgabe mit den Erläuterungen der Jerusalemer Bibel

Buchgestaltung/Illustrationen:
Manuela Wiedensohler
www.schwarzwald-maedel.de
Druck und Bindung:
fgb · freiburger graphische betriebe
www.fgb.de

Gedruckt auf umweltfreundlichem,
chlor- und säurefrei gebleichtem Papier
Printed in Germany
ISBN 3-451-28523-1

Schon oft wurde die Bitte an mich herangetragen, Gebete zu schreiben, die man für sein persönliches Beten verwenden könne. Nun habe ich für jeden Tag der Woche ein Morgen- und Abendgebet formuliert. Ich habe versucht, mich in die Situation des Beters hineinzuspüren. Ich selber bete morgens und abends schweigend. Am Morgen bete ich in der Gebärde der Orante, mit ausgestreckten Armen, um den Himmel zu öffnen über den Menschen. Und am Abend halte ich in der Gebärde der Schale meinen Tag Gott hin und überlasse mich seinen guten Händen. Aber manchmal verbinde ich die Gebärden auch mit Worten, die gerade in mir aufsteigen.

Die Gebete, die ich aufgeschrieben habe, mögen dir helfen, die Gedanken, die in dir sind und für die du oft keine Worte findest, zum Ausdruck zu bringen. Sie wollen dein Beten unterstützen. Viele Menschen erzählen mir, dass sie nicht wissen, wie sie beten sollen. Die offiziellen Gebete sind ihnen zu fremd. Mit eigenen Worten tun sie sich schwer. So möchte ich dir in diesen Gebeten Worte leihen, damit du das, was du selber fühlst, Gott sagen kannst.

Ich wünsche dir, dass die Worte dich näher zu Gott führen, dass du in den Worten Gottes heilende und liebende Nähe spüren kannst und dass in dir beim Beten das Bild eines barmherzigen und gütigen Gottes entsteht, vor dem du sagen kannst, was in dir ist. Die Worte wollen dich aber auch anregen, nach eigenen Worten zu suchen, die deiner momentanen Erfahrung besser entsprechen.

Nach den selbst formulierten Morgen- und Abendgebeten habe ich das Vaterunser ausgelegt. Das Vaterunser ist das Gebet, das Jesus selbst uns gelehrt hat. Es begegnet nicht nur in jedem Gottesdienst; viele Christen beten es auch in ihrem Alltag immer wieder für sich und haben damit wichtige geistliche Erfahrungen gemacht. Sie haben ihren Glauben und ihre Sehnsucht nach Gott darin ausgedrückt. Es ist ein uraltes Gebet, das vielen Menschen geholfen hat, ihre Beziehung zu Gott in Worte zu fassen. Und vor allem ist es ein Gebet, das wir gemeinsam mit allen Menschen sprechen können.

Ich habe versucht, dir das Vaterunser so zu erklären, dass es dein eigenes Gebet werden kann. Wenn du es betest, wirst du Anteil haben an den vielen Menschen, die vor dir diese Worte gesprochen und darin ihren Weg zu Gott gefunden haben. Du kannst dir vorstellen, dass die Verstorbenen, die du gekannt hast, jetzt diese Worte im Himmel sprechen, aber mit offenen Augen, die den schauen, dem die Worte gelten.

So wünsche ich dir, dass dir dieses Gebetbuch hilft, neue Freude am Beten zu gewinnen und das Beten zu erfahren als den Ort, an dem deine Seele atmet, an dem dein Herz weit wird und an dem du dich von Gottes Liebe getragen weißt.

GEBETE FÜR DIE WOCHE

GEBETE FÜR DIE WOCHE

DAS GEBET JESU

SONNTAG AM MORGEN

Ich habe teil an Gottes Ruhe.

SONNTAG AM MORGEN

Und Gott sah alles, was er gemacht hatte,
und siehe, es war sehr gut.
Und er ruhte am siebten Tag
von seinem ganzen Werk, das er gemacht hatte.

Genesis / 1 Mose 1,31a; 2,2b

Und sehr früh am ersten Wochentag
kamen die Frauen zum Grab,
als eben die Sonne aufging.
Sie sagten zueinander: Wer wird uns den Stein
vom Eingang des Grabes wegwälzen?
Und wie sie aufblickten, sahen sie,
dass der Stein weggewälzt war;
er war nämlich sehr groß.
Und als sie in das Grab hineingingen,
sahen sie einen jungen Mann zur Rechten sitzen,
bekleidet mit einem weißen Gewand,
und sie erschraken. Er aber sprach zu ihnen:
Erschreckt nicht! Ihr sucht Jesus von Nazaret,
den Gekreuzigten. Er ist auferweckt worden,
er ist nicht hier.

Markusevangelium 16,2–6

SONNTAG AM MORGEN

Barmherziger und guter Gott,
du schenkst mir den Sonntag als Tag der Ruhe.
Du hast am siebten Tag ausgeruht
von deinen Werken.
Und du hast gesehen, dass alles gut war.
Lass mich heute teilhaben an deiner Sabbatruhe
und dankbar auf das schauen,
was in dieser Woche geworden ist.
Schenke mir nicht nur äußere Ruhe,
sondern inneren Frieden,
dass ich Ja sage zu allem, was in mir ist.
Lass mich mit dir über alles, was geworden ist,
sprechen: „Es war sehr gut."

Du schenkst uns den Sonntag
als heiligen Tag, als einen Tag,
der dem Terror der Termine entzogen ist,
über den die Welt mit ihrer Geschäftigkeit
keine Macht hat.
Heile heute die Menschen,
die in sich zerrissen und gefangen sind.
Bring sie in Berührung mit dem heiligen Raum,
der in ihnen ist und in dem du wohnst.
Dort, wo du in ihnen wohnst,
sind sie schon heil und ganz.

SONNTAG AM MORGEN

Der Sonntag ist der Gedenktag
der Auferstehung Jesu Christi.
So wie die Sonne die Dunkelheit der Nacht besiegt,
so hat dein Sohn Jesus Christus
in der Auferstehung
die Finsternis des Todes überwunden.
Lass mich im Gedenken an Jesu Auferstehung
heute aufstehen aus dem Grab
meiner Resignation und meines Selbstmitleides.
Zerreiße die Fesseln, die mich innerlich binden,
und lass mich aufstehen zum Leben.
Wälze den Stein weg, der auf mir liegt
und der mich daran hindert,
mein eigenes Leben zu leben.

Ich denke aber auch an alle,
die nichts mit dem Gedanken
an die Auferstehung anfangen können.
Lass die Sonne deiner Gnade leuchten
über allen, die noch gefangen sind,
damit sie mit deinem Sohn Jesus Christus
aufstehen können aus dem Grab
ihres Gebundenseins und die Freiheit und Weite
deines Lebens dankbar genießen.

Segne alle,
die heute ausruhen dürfen
von der Mühe ihres Alltags.
Und lass sie auch innerlich zur Ruhe finden,
damit sie erholt und erfrischt
die Woche beginnen können.

In der Frühe wollen wir beten,
um die Auferstehung des Herrn
durch ein Morgengebet zu feiern.

Cyprian von Karthago

Ich lasse mich fallen

in liebende

Arme.

Danket dem Herrn, denn er ist gut:
In Ewigkeit währt sein Erbarmen.
Es spreche das Haus Israel:
In Ewigkeit währt sein Erbarmen.
Es spreche Aarons Haus:
In Ewigkeit währt sein Erbarmen.
Sprechen sollen, die den Herrn fürchten:
In Ewigkeit währt sein Erbarmen.

Psalm 118,1–4

Die Jünger nötigten den Herrn und sprachen:
Bleibe bei uns; denn es will Abend werden,
und der Tag hat sich schon geneigt.
Und er ging hinein, um bei ihnen zu bleiben.

Lukasevangelium 24,29

Väterlicher und mütterlicher Gott,
ich danke dir für diesen Tag der Ruhe und Freude,
für den Freiraum, den du mir geschenkt hast.
Ich danke dir für alle Begegnungen,
die ich erfahren durfte,
aber auch für die Augenblicke des Alleinseins,
in denen ich in Berührung kam mit mir selbst.
Ich danke dir für die Schönheit deiner Schöpfung,
die ich bestaunen durfte,
für den Spaziergang, der mich frei atmen ließ,
und für das Buch,
das ich in aller Ruhe lesen durfte.
Ich danke dir für dein Wort,
das mich heute berührt hat im Gottesdienst
(in meiner persönlichen Schriftlesung),
das mir eine neue Sicht geschenkt hat
für mein Leben.

Sende deine heiligen Engel,
dass sie mich behüten und hier bei mir wohnen.
Sie mögen zu mir im Traum sprechen
und mir Weisung geben für meinen Weg.
Und sie mögen mich bergen
in deiner heilenden und liebenden Nähe.

So lege ich mich in Frieden nieder
und lasse mich fallen in deine
liebenden und zärtlichen Arme.
Schütze mich und alle, die mir lieb sind,
damit wir morgen mit neuem Mut
den Alltag beginnen.

Mit seinen Flügeln beschirmt dich der Herr,
unter seinen Fittichen bist du geborgen,
seine Treue ist dir ein schützender Schild.

Psalm 91,4

MONTAG AM MORGEN

Gottes Quelle sprudelt in mir.

Da verspürte Simson brennenden Durst
und rief den Herrn an.
Da spaltete Gott die Grube, die in Lehi ist,
und es kam Wasser heraus.
Simson trank, und seine Lebensgeister
kehrten wieder, und er lebte wieder auf.
Darum nannte man jene Quelle
die „Quelle des Rufers".

Richter 15,18–19

Jesus spricht:
Wer von dem Wasser trinkt,
das ich ihm geben werde,
wird in Ewigkeit keinen Durst mehr haben,
sondern das Wasser, das ich ihm geben werde,
wird in ihm zu einer Quelle von Wasser werden,
das ins ewige Leben sprudelt.

Johannesevangelium 4,14

Guter Gott, ich gehe in diese Woche
mit Sorgen und Ängsten vor dem,
was auf mich einströmen wird.
Gib du mir die Kraft, all das zu bewältigen,
was du mir zumutest.
Und gib mir die innere Gelassenheit,
dass all die Arbeit mich nicht
aus meiner Mitte reißt.
Sei du bei mir in allem, was ich tue.

Lass mich aus der Quelle deines Geistes heraus
tun, was ansteht.
Und lass mich spüren,
dass die Quelle deines Geistes
unerschöpflich ist,
dass ich arbeiten kann, ohne mich zu verausgaben,
weil deine Quelle in mir sprudelt.

Segne alle,
die heute schwer aus dem Bett kommen,
die Angst haben vor der Arbeit und den Konflikten,
die sie am Arbeitsplatz erwarten.
Segne aber auch alle,
die sich freuen auf ihre Arbeit,
die dankbar sind, dass sie ihre Fähigkeiten
für die Menschen einsetzen dürfen.
Und segne ihre Arbeit,
damit sie zum Segen wird für andere.

Erinnere mich auch tagsüber immer wieder,
dass du bei mir bist.
Schenk mir im Gebet immer wieder
heilsame Unterbrechung,
damit ich von dir her tue, was zu tun ist,
und frei bleibe von den Emotionen,
die durch die Konflikte immer wieder
in mir hochkochen möchten.

Segne die Menschen,
mit denen ich heute zusammentreffe,
damit ich das Antlitz Jesu in ihnen entdecke
und behutsam und achtsam mit ihnen umgehe,
dass ich an das Gute in ihnen glaube
und es durch mein Verhalten hervorlocken kann.

Mit einem Tun,
das zu Überarbeitung führt,
zu Erschöpfung und Ausgebranntsein,
können wir Gott nicht loben und verherrlichen.
Was Gott uns aufgetragen hat zu tun,
können wir tun und können wir gut tun.

Henri Nouwen

MONTAG AM ABEND

Ich halte Gott
meine Hände
hin.

Sieh her:
Ich habe dich in meine Hände geschrieben.

Jesaja 49,15

Jesus spricht:
Ich habe ihnen deinen Namen kundgetan
und werde ihn weiterhin kundtun,
damit die Liebe, mit der du mich geliebt hast,
in ihnen sei und ich in ihnen.

Johannesevangelium 17,26

Wenn du willst, kannst du das folgende Gebet in der Gebärde der Schale beten. Halte deine Hände vor dich hin wie eine offene Schale.

Herr, ich halte dir meine Hände hin,
alles, was sie heute in die Hand genommen haben,
alles, was mir gelungen und misslungen ist.
Ich halte dir die Menschen hin,
denen ich heute die Hand gereicht habe,
und die, denen ich sie verweigert habe.
Ich halte dir hin,
was ich geformt und gestaltet habe
und was mir aus der Hand geglitten ist.

Ich halte dir in meinen Händen diesen Tag hin,
so wie er war.
Ich verzichte darauf, zu beurteilen
und zu bewerten, was war.
Ich überlasse dir das Urteil.
Ich vertraue dir, dass du alles verwandeln kannst,
was heute war.
Ich übergebe dir den Tag.

Manchmal hatte ich das Gefühl,
dass mir alles zwischen den Fingern zerrinnt,
dass der Tag nur Stückwerk war.
Füge du zusammen, was zerstückelt ist.
Ich lege meinen Tag und alles,
was ich heute in die Hand genommen habe,
in deine guten und zärtlichen Hände.
Halte du deine schützende Hand über mich.
Lass mich heute Nacht
in deiner guten Hand geborgen sein.

Du hast deinen Namen
in meine Hand geschrieben
und meinen Namen in deine Hand.
So lass mich in dieser Hand spüren,
dass ich in dir bin und du in mir.
In dir darf ich nun ruhen.
Und du wirst bei mir und in mir sein,
wenn ich nun schlafe.

Lass dein Licht in meinem Herzen leuchten,
wenn ich mich nun
der Dunkelheit der Nacht anvertraue.
Und halte deine schützende Hand
über meine Familie und über alle,
die mir lieb sind.

Nähme ich des Morgenrots Schwingen
und ließe mich nieder am fernsten Gestade:
Auch dort noch wird deine Hand mich geleiten
und mich deine Rechte halten.

Psalm 139,9

DIENSTAG AM MORGEN

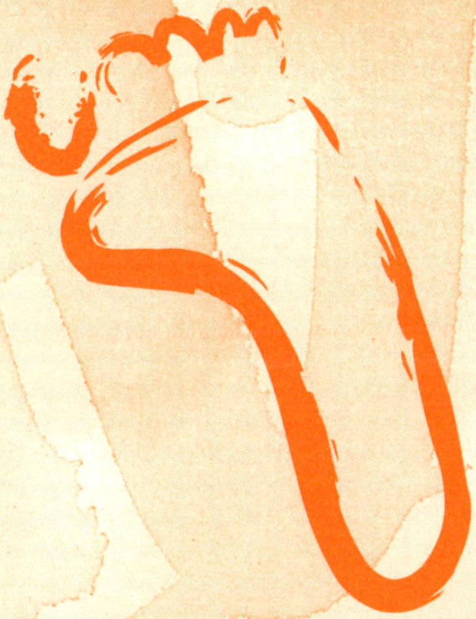

Ich grabe
meine Spur
in diese Welt.

Gott gibt dem Müden Kraft
und dem Erschöpften Stärke.
Die auf den Herrn hoffen,
schöpfen neue Kraft,
empfangen Schwingen gleich dem Adler.
Sie laufen und werden nicht müde;
sie gehen und werden nicht matt.

Jesaja 40,29.31

Jesus spricht:
Ich habe euch dazu bestimmt,
dass ihr hingeht und Frucht bringt
und eure Frucht bleibe.

Johannesevangelium 15,16

Herr Jesus Christus,
du schenkst mir wieder einen neuen Tag.
Ich danke dir, dass ich gesund aufstehen darf.
Ich danke dir, dass ich heute
meine ganz persönliche Spur eingraben darf
in diese Welt.
Lass es eine Spur der Liebe sein,
eine Spur, die auch den Menschen um mich herum
Mut macht, ihr eigenes Leben dankbar zu wagen.

Ich danke dir für die Menschen,
denen ich heute begegnen darf.
Lass mich sie bewusst wahrnehmen.
Schenke mir das rechte Wort
im rechten Augenblick.
Schenke mir den Blick,
der aufrichtet und ermuntert,
der erfreut und erfrischt.

Herr, ich denke heute Morgen
an alle, die krank sind,
die nicht aufstehen können oder
die sich nur mühsam aus dem Bett erheben.
Segne auch sie, dass ihr Tag ein guter Tag wird,
dass sie in ihrer Krankheit
deine heilende Liebe spüren,
dass sie sich nicht allein fühlen
in ihrer Krankheit,
sondern die Gemeinschaft mit dir erfahren dürfen.

Herr, ich denke an die Menschen,
die keinen Sinn in ihrem Leben sehen,
die einfach nur dahinleben.
Öffne ihre Augen,
damit sie aufwachen zur Wirklichkeit,
damit sie dich als den eigentlichen Grund
der Schöpfung erkennen,
damit sie dich in allem zu sehen vermögen.

Ich denke an die Menschen,
die an Depressionen leiden,
die sich abgeschnitten fühlen
von der Quelle des Lebens,
denen alles dunkel und schwer erscheint,
die jeder Schritt Kraft kostet.
Begleite auch diese Menschen
und helle ihre Dunkelheit auf,
damit der Tag für sie erträglich wird.
Und halte deine schützende Hand über sie,
damit sie sich von deiner liebenden Gegenwart
eingehüllt wissen.

Man braucht nicht nur Reden.
Denn es gibt viele Reden
unter den Menschen in dieser Zeit.
Was nottut, ist die Tat.
Das wird gesucht und nicht Reden,
die keine Frucht bringen.

Abbas Jakob

In mir ist der Raum
der Stille.

Am Gottesberg Horeb trat Elija in die Höhle
und übernachtete darin.
Und siehe, es erging das Wort des Herrn an ihn,
„Geh hinaus und tritt auf dem Berg
vor den Herrn hin."
Und siehe, der Herr zog vorüber.
Ein gewaltiger, heftiger Sturm,
der Berge zersprengt und Felsen spaltet,
ging vor dem Herrn her,
aber der Herr war nicht in dem Sturm.
Nach dem Sturm kam ein Erdbeben,
aber der Herr war nicht im Erdbeben.
Nach dem Erdbeben kam ein Feuer,
aber der Herr war nicht im Feuer.
Nach dem Feuer kam ein leises, sanftes Säuseln.
Da, als Elija das vernahm, verhüllte er
sein Gesicht mit dem Mantel, ging hinaus
und trat an den Eingang der Höhle.

1 Könige 19,9.11–13a

Jesus spricht:
Du aber, wenn du betest, geh in deine Kammer
und schließ deine Tür zu
und bete zu deinem Vater im Verborgenen.

Matthäusevangelium 6,6

Wenn du möchtest, kannst du das folgende Gebet in der Gebärde der über der Brust gekreuzten Arme beten.

Herr Jesus Christus,
ich kreuze die Arme über meiner Brust.
Ich halte am Abend dieses Tages inne
und schließe die Türe zu,
damit niemand eintreten kann
in den inneren Raum des Schweigens.
In ihm wohnst du.
Da haben die Sorgen und Probleme des Tages
keinen Zutritt.
Da haben die Ängste um die Zukunft
kein Recht, einzutreten.
Die Menschen, für die ich heute da war,
meine Freunde,
sie alle bleiben draußen.
Ich denke an sie und bete für sie.
Aber ich schließe die Türe zu,
damit ich jetzt mit dir allein sein kann.

Wenn du, das Geheimnis, in mir wohnst,
dann kann ich bei mir selbst daheim sein.
In diesem inneren Raum ist die Quelle
deines Heiligen Geistes.
Aus ihr kann ich nehmen,
ohne mich zu verausgaben.
Auch wenn ich mich jetzt müde
und erschöpft fühle,
so weiß ich doch,
dass deine Quelle in mir nie versiegt,
weil sie göttlich ist.

In diesem Raum der Stille
kann mich niemand verletzen.
Da können auch die Selbstvorwürfe
und Schuldgefühle nicht hindringen.
Da darf ich ganz ich selbst sein,
mit dir und in dir.
Da ahne ich Heimat und Geborgenheit,
Freiheit und Stimmigkeit.
Da ist alles in mir heil.

Lass mich heute Nacht
in diesen inneren Raum eintauchen
und allein mit dir sein.
Dann bin ich wirklich all-ein, all-eins,
mit allem eins, mit allem einverstanden.
Denn du, Herr, bist für mich Eins und Alles.
Wo du bist, da bin ich ganz ich selbst.
Da ahne ich, welche Gnade darin liegt,
einfach nur zu sein,
ganz im Augenblick zu sein,
ganz in dir zu sein.

Schweigen lehrte ich meine Seele,
und ich schaffte ihr Frieden.
Wie ein Kind auf dem Schoß der Mutter,
wie ein Kind, so ruht meine Seele in mir.

Psalm 131,2

MITTWOCH AM MORGEN

Ich
schaue, wo ich
lebe.

Alle Wesen warten auf dich,
dass du ihnen Speise gibst zur rechten Zeit.
Du spendest ihnen, und sie sammeln es ein,
du öffnest deine Hand,
und sie werden gesättigt mit Gutem.
Verbirgst du dein Angesicht,
so vergehn sie in Furcht,
nimmst du ihnen den Atem, so schwinden sie hin
und sinken zurück in den Staub.
Du sendest deinen Geist aus,
und sie werden geschaffen,
und das Angesicht der Erde machst du neu.

Psalm 104,27–30

Jesus spricht:
Selig jene Knechte, die der Herr
bei seiner Ankunft wachend findet.
Er wird sich umgürten, sie zu Tisch liegen lassen
und umhergehen, sie zu bedienen.

Lukasevangelium 12,37

Gütiger und milder Gott,
ich schaue heute Morgen aus dem Fenster
in mein Dorf, meine Stadt,
in die Straße, in der ich wohne.
Ich denke an die Menschen,
die dort in den Häusern wohnen.
Du weißt, wie es ihnen geht.
Und du weißt auch, was sie brauchen.
Halte deine segnende Hand über sie
und schenke ihrem Herzen,
wonach sie sich sehnen.

Du kennst die alte Frau,
die sich allein gelassen fühlt von ihrer Familie.
Segne sie, zeige ihr deine Nähe.
Du kennst den jungen Mann, der sich schwer tut,
sich auf die Realität des Alltags einzulassen.
Segne ihn und stärke ihn,
damit er sein Leben in die Hand nimmt.
Du kennst die junge Frau,
die von ihrem Freund verlassen worden ist,
die sich so einsam und verlassen fühlt
und an sich und ihrem Wert zweifelt.
Segne sie und tröste sie in ihrem Kummer.
Du kennst den Mann,
der seine Frau an Krebs verloren hat.
Er fühlt sich wie gelähmt.
Sei bei ihm und öffne ihm die Augen für das Leben,
das rings um ihn herum aufblüht.

Du kennst all die Menschen,
die in meiner Straße wohnen.
Tritt ein in ihre Häuser
und halte deine Hand segnend über sie,
damit sie bekommen, was sie brauchen
und wonach sie sich sehnen.

Deine Achtung vor deinem Nächsten
sei unabhängig davon,
ob er nun gerade fern wäre oder bei dir.
Wenn du hinter seinem Rücken
nichts von ihm sagen würdest,
was du nicht auch in Liebe
vor seinem Angesicht sagen könntest,
selig bist du!

Franziskus von Assisi

MITTWOCH AM ABEND

Heilsam
und gut wird der
Schlaf.

Glücklich, wer Weisheit gefunden,
wer Einsicht erlangt hat.
So werden sie deiner Seele zum Leben
und deinem Hals zum Schmuck.
Dann gehst du sicher deinen Weg
und stößt nicht an mit dem Fuß.
Setzt du dich nieder,
so braucht dir nicht bange sein,
und ruhst du, so schläfst du
einen erfrischenden Schlaf.

Sprichwörter 3,13.22–24

Jesus spricht:
Kommt zu mir alle,
die ihr mühselig und beladen seid:
Ich will euch erfrischen.
Und ihr werdet Ruhe finden
für eure Seelen.

Matthäusevangelium 11,28.29b

Barmherziger und guter Gott,
ich halte dir heute Abend
all die Menschen hin,
denen ich heute begegnet bin.
Ich danke dir für die Menschen,
die mir ein gutes Wort gesagt haben,
aber auch für die, die mich
herausgefordert haben
durch ihre Kritik.
Ich danke dir für die Menschen,
an denen ich heute gewachsen bin.

Ich denke heute Abend
an alle Menschen in meiner Straße,
für die ich heute Morgen gebetet habe.
Ich bitte dich jetzt auch für sie.
Du weißt, wie ihr Tag heute war,
was sie erlebt und erlitten haben.
Schenke ihnen jetzt
Dankbarkeit und Zufriedenheit,
innere Gelassenheit und Freude.
Verwandle in ihnen, was dunkel und schwer war.
Befreie sie von dem, was sie belastet.
Nimm ihren Tag so an, wie er war,
unvollständig, brüchig und leer.

Schenke allen eine ruhige Nacht,
dass sie im Frieden schlafen.
Und sende ihnen deine heiligen Engel,
dass sie bei ihnen wachen,
damit ihr Schlaf für sie heilsam wird und gut

Du sprichst: Meine Zuflucht ist der Herr,
du hast dir den Höchsten zum Schutz erkoren.
So wird dir begegnen kein Unheil,
keine Plage wird nahen deinem Zelt.
Denn er entbietet für dich seine Engel,
dich zu behüten auf all deinen Wegen.

Psalm 91,9–11

DONNERSTAG AM MORGEN

Ich sende Gottes
Segen in diese
Welt.

Der Herr sprach zu Abram:
Ich will dich segnen
und deinen Namen groß machen,
und du sollst ein Segen sein.
Durch dich sollen gesegnet sein
alle Geschlechter der Erde.

Genesis/1 Mose 12,2.3b

Segnet! – denn dazu seid ihr berufen,
damit ihr Segen erbt.

1. Petrusbrief 3,9

Wenn du möchtest, kannst du das folgende Gebet in der Segensgebärde beten: Du hältst deine Hände hoch, mit den Handflächen nach vorn, und du stellst dir vor, dass Gottes Heiliger Geist und Gottes Liebe durch deine Hände zu den Menschen strömt, für die du betest.

Guter Gott,
ich erhebe meine Hände aus Dankbarkeit,
dass du mich zu deinem Sohn/zu deiner Tochter
erhoben hast.
Ich sende durch meine Hände hindurch
deinen Segen in die Welt.
Lass deine Liebe
durch meine leeren Hände strömen
zu dem Menschen, der mir am liebsten ist.
Hülle ihn ein mit deiner zärtlichen Gegenwart.
Ich sende durch meine Hände hindurch
deinen Heiligen und heilenden Geist
zu dem Menschen,
dem es momentan schlecht geht.

Mir fällt die Arbeitskollegin ein,
deren Ehe zerrüttet ist,
der Freund, der in einer beruflichen Krise steckt,
die Menschen, die auf der Flucht sind,
denen ihre Lebensgrundlage entzogen wurde.
Lass sie alle deinen Geist spüren,
dass er sie wie ein schützender Mantel umgibt.

Ich sende durch meine Hände hindurch
deine göttliche Liebe
zu den Menschen, die sich ungeliebt, unerwünscht,
verlassen, abgelehnt fühlen.
Lass sie spüren, dass deine Liebe
in ihr verwundetes Herz strömt.
Lass sie die Wärme deiner Liebe fühlen
und vertreibe die Kälte aus ihrem Herzen.

DONNERSTAG AM MORGEN

Ich sende deinen Geist zu allen Menschen,
denen ich heute begegnen werde,
den Schülern, den Arbeitskollegen, den Freunden,
den Geschäftspartnern, den Klienten.
Erreiche sie mit deinem Geist der Liebe
und der Hoffnung, bevor ich ihnen begegne.

Öffne durch deinen Geist uns alle,
damit wir einander achtsam begegnen
und das göttliche Geheimnis im anderen sehen
und daran glauben.
Und lass du die Begegnung gelingen.

Öffnen wir unsere Augen dem göttlichen Licht,
und hören wir mit aufgewecktem Ohr,
wozu uns die Stimme Gottes
täglich mahnt und aufruft:
Heute, wenn ihr seine Stimme hört,
verhärtet eure Herzen nicht.

Aus der Benediktsregel

DONNERSTAG AM ABEND

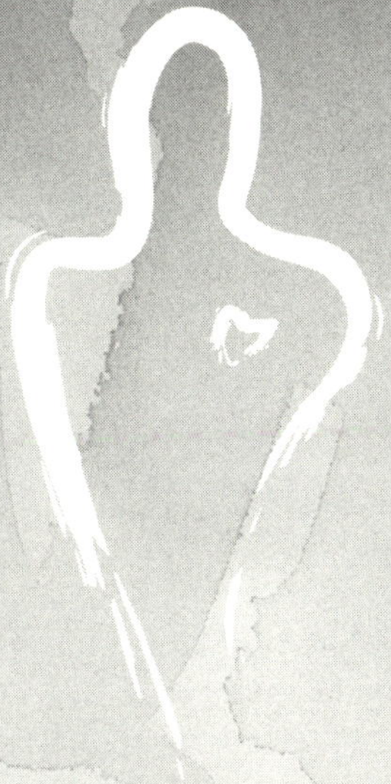

Ich lebe aus Gottes Liebe.

Was bist du bedrückt, meine Seele,
und warum stürmst du in mir?
Hoffe auf Gott, ich werde ihn wieder preisen
als das Heil meines Angesichts, als meinen Gott.

Psalm 42,6

Ein Hausherr ging früh am Morgen aus,
Arbeiter für seinen Weinberg zu dingen.
Er vereinbarte mit den Arbeitern
einen Denar für die Tagesarbeit.
Und als er um die dritte Stunde ausging,
sah er andere müßig auf dem Markte stehen
und sagte: Geht auch ihr in meinen Weinberg.
Und sie gingen hin.
Um die sechste und neunte Stunde ging er
noch einmal aus und tat ebenso.
Und als er um die elfte Stunde ausging, fand er
nochmals andere dastehen und sagte:
Geht auch ihr in meinen Weinberg.
Als es nun Abend geworden war,
ließ er den Lohn auszahlen: je einen Denar –
für die Letzten ebenso wie für die Ersten.

Nach Matthäusevangelium 20,1–10

Barmherziger Gott,
ich stehe heute mit leeren Händen vor dir.
Ich habe das Gefühl,
dass mir heute nichts gelungen ist.
Ich kann dir nichts vorweisen.
Es war schwer heute mit all dem,
was auf mich eingestürmt ist.
Ich fühle mich müde.
Ich kann dir nicht viel sagen.
Ich weiß nicht, wie ich all das beurteilen soll,
was heute war.
Ich kann es nicht einordnen.
Doch ich muss es auch nicht.
Ich übergebe es dir im Vertrauen,
dass du alles zum Guten lenkst.

Nimm das Unvollendete
und Brüchige dieses Tages
und verwandle es, damit es zum Segen wird
für mich und für die Menschen.
Sende deinen Geist jetzt den Menschen,
mit denen ich gesprochen habe,
denen ich etwas schuldig geblieben bin.
Ich kann es jetzt nicht ändern
oder wieder gutmachen.
Berühre du die Herzen dieser Menschen,
damit sie sich durch die Missverständnisse
nicht gelähmt fühlen, sondern daraus lernen,
den Grund allein in dir zu finden.

Gott, sende auch mir deinen Heiligen Geist,
damit ich mich von diesem ermüdenden und
enttäuschenden Tag hinführen lasse zu dir.
Du hast mir heute gezeigt,
dass ich nicht auf mein Können,
auf meinen Willen, auf mein Tun bauen kann,
dass ich nicht von Erfolg
und Anerkennung leben kann,
sondern allein aus deiner Liebe.
Erfülle mich jetzt mit deiner Liebe,
damit ich in Frieden schlafen kann,
gehalten von deinen liebenden Armen,
zur Ruhe gebracht von deinen Engeln,
die du mir sendest,
um mir deine liebende Nähe zu zeigen.

Rufst du mich an, so höre ich dich,
in allen Nöten bin ich dir nahe,
ich befreie dich und bringe dich zu Ehren.
Ich verleihe dir die Fülle der Tage
und lasse dich schauen mein Heil.

Nach Psalm 91,15–16

Ich öffne den
Himmel über
meinem Leben.

Der Herr blickt hernieder vom Himmel,
er sieht auf alle Kinder der Menschen.
Er, der allen gebildet das Herz,
er weiß um all ihre Werke.
Sieh, es ruht das Auge des Herrn
auf denen, die seiner Gnade vertrauen.

Psalm 53,13.15.18

Da brachten sie einen Menschen zu Jesus,
der nicht hören und nicht sprechen konnte,
und baten ihn, ihm die Hand aufzulegen.
Und er nahm ihn aus der Menge heraus beiseite,
und legte ihm seine Finger in die Ohren,
und berührte seine Zunge mit Speichel,
blickte zum Himmel auf, seufzte
und sprach zu ihm: Effata! (Tu dich auf!)
Da öffneten sich seine Ohren,
und das Band seiner Zunge löste sich,
und er konnte richtig reden.

Markusevangelium 7,32–35

FREITAG AM MORGEN

Wenn du möchtest, kannst du das folgende Gebet in der so genannten „Oranten-Haltung" beten. Du streckst deine Hände nach oben und breitest sie aus zu einer weiten Schale.

Herr Jesus Christus, ich danke dir für den Tag,
den du mir wieder geschenkt hast.
Du wirst mich heute beglciten
zu allem, was ich tue.

Ich öffne im Gebet den Himmel über meinem Leben,
damit ich bei allem, was ich tun werde,
um die Weite deines Himmels weiß,
der über mir ist.
Ich öffne den Himmel über diesem Haus,
damit alle Bewohner
heute mit einem weiten Herzen
zu leben vermögen.

Ich öffne den Himmel über den Menschen,
denen der Himmel grau und verhangen erscheint,
deren Blick nur auf das Dunkle gerichtet ist.
Öffne ihre Augen für die Schönheit
deines Himmels, für das Licht deiner Liebe.

Ich öffne den Himmel über dieser Stadt.
Lass die Menschen nicht fixiert sein
auf das Vordergründige.
Lass sie den Himmel über sich spüren,
der ihrem Leben Sinn gibt,
der in ihre Hektik Weite und Ruhe bringt.

Ich öffne den Himmel über diesem Land
und über der ganzen Erde.
Dein Himmel möge uns alle miteinander verbinden.
Er möge uns zeigen,
dass keiner von uns den Himmel besitzen kann,
dass er uns allen gemeinsam gehört.

Lass uns im Blick auf den Himmel erkennen,
dass unsere wahre Heimat im Himmel ist,
dass über jedem von uns die Verheißung
ewigen Lebens und ewiger Herrlichkeit steht.

Jene Himmelsleiter, die Jakob im Traum erschien
und auf der er Engel auf- und niedersteigen sah,
ist unser irdisches Leben,
das der Herr zum Himmel richtet,
wenn unser Herz demütig ist.

Aus der Benediktsregel

Ich bezeichne mich
mit dem
Kreuz.

In der Nacht rang einer mit Jakob
bis zum Anbruch der Morgenröte.
Als dieser sah,
dass er Jakob nicht überwinden könne,
schlug er ihn auf die Hüfte,
sodass sie ausgerenkt wurde,
und sprach: Lass mich los,
denn die Morgenröte bricht an.
Jakob aber sagte:
Ich lasse dich nicht,
bis du mich gesegnet hast.

Genesis/1 Mose 3,25–27

Gepriesen sei der Gott und Vater
unseres Herrn Jesus Christus,
der uns mit jeglicher Art von Segen des Geistes
in den Himmeln gesegnet hat in Christus.
In Liebe hat er uns
durch Jesus Christus vorausbestimmt,
seine Söhne und Töchter zu werden
und zu ihm zu gelangen
nach dem Wohlgefallen seines Willens.

Epheserbrief 1,3.5

Herr Jesus Christus, ich denke heute Abend
an deinen Tod am Kreuz.
Du bist auch für mich gestorben.
Du bist dem Tod nicht ausgewichen.
Du bist deinen Weg bis zum Ende gegangen.
Du hast uns am Kreuz bis zum Ende,
bis zur Vollendung geliebt.
Wenn ich auf dein Kreuz schaue,
so erlebe ich deine ausgebreiteten Arme
als Einladung, mich von dir umarmen
und lieben zu lassen.
Und ich schaue auf das Kreuz,
das alle Gegensätze dieser Welt
miteinander versöhnt.

Alles Gegensätzliche und Widersprüchliche in mir
ist von deiner Liebe berührt.
Wenn du alles in mir liebst,
auch meine Schattenseiten,
dann gibt es nichts in mir, was ich ablehnen darf.
Schenke mir von deinem Kreuz herab die Liebe,
mit der ich alles in mir zu lieben vermag.

Ich bezeichne mich nun
mit dem Zeichen des Kreuzes.
Ich ritze gleichsam deine göttliche Liebe
in meinen Leib,
um mich zu vergewissern, dass alles
in mir und an mir geliebt ist.
Ich berühre mit meiner rechten Hand meine Stirn
und denke daran,
dass du mich ausgedacht und geschaffen hast.
Ich ritze deine Liebe in meinen Unterbauch,
in meine Vitalität und Sexualität,
und danke dir, dass du hinabgestiegen bist
in meine Menschlichkeit.

Und ich ziehe meine Hand
von der linken zur rechten Schulter
und bitte dich,
dass du das Linke zum Rechten wendest,
dass du in mir das Unbewusste
mit dem Bewusstsein verbindest,
das Herz mit dem Handeln,
das Weibliche mit dem Männlichen
und dass du in alle Bereiche
meines Leibes und meiner Seele
deine heilende und verwandelnde Liebe
strömen lässt.

Du bist es, der mich aus dem Mutterschoß geführt,
du ließest mich sorglos ruhn
an der Brust meiner Mutter.
Dir bin ich zu Eigen von Anbeginn,
vom Schoß meiner Mutter an bist du mein Gott.

Psalm 22,10–11

SAMSTAG AM MORGEN

Ich nehme wahr,
was Gott mir
schenkt.

Wenn das Haus nicht baut der Herr,
die Bauleute mühn sich vergeblich.
Wenn die Stadt nicht behütet der Herr,
so wacht vergeblich der Wächter.
Umsonst, wenn ihr euch erhebt noch vor dem Tag,
euch müht bis spät in die Nacht:
Ihr esst das Brot einer harten Mühsal –
denen, die er liebt,
gibt es der Herr im Schlaf.

Psalm 127,1–2

Man brachte auch kleine Kinder zu Jesus,
dass er sie berühre.
Als es aber die Jünger sahen,
schalten sie sie.
Doch Jesus rief sie zu sich und sprach:
Lasst die Kinder zu mir kommen
und wehrt ihnen nicht;
denn für solche ist das Reich Gottes.
Wer das Reich Gottes
nicht annimmt wie ein Kind,
wird nicht hineingelangen.

Lukasevangelium 18,15–17

Barmherziger und guter Gott, ich danke dir
für diesen neuen Tag, für den freien Tag,
den du mir schenkst.
Lass mich die Freiheit genießen,
zu der mich Jesus Christus befreit hat.
Befreie mich von allen Sorgen,
die mich in dieser Woche geplagt haben.
Befreie mich von dem Druck,
den ich mir manchmal selber setze.
Befreie mich von allem Grübeln,
mit dem ich mir manchen Tag vergälle.
Und befreie mich von Schuldgefühlen,
mit denen ich mich manchmal zerfleische.

Du schenkst mir diesen Tag,
an dem ich machen kann, was mir gut tut.
Lass mich wahrnehmen,
was du mir heute schenken möchtest.
Lass mich auch die Menschen bewusst wahrnehmen
denen ich heute begegne,
mit denen ich heute diesen Tag erlebe.
Nimm von mir alle Härte, alle Verschlossenheit,
alles Verkrampfte, damit von mir
eine gute und angenehme Ausstrahlung ausgeht,
dass sich die Menschen um mich herum
wohlfühlen können,
weil sie sich beachtet und angenommen wissen.

Ich denke auch an die Menschen,
die heute arbeiten müssen,
die auch am Wochenende von Sorgen geplagt sind.
Bringe Licht auch in ihr Leben.
Und ich denke an die Menschen,
die mit der Freiheit nichts anzufangen wissen,
die sich betäuben,
die vor sich selbst davonlaufen.
Öffne ihnen die Augen,
damit sie sich selber wahrnehmen
und gut mit sich umgehen,
dass sie das Geheimnis ihres Lebens entdecken.

Der Wert unserer Aktivität
hängt ab von der Demut,
mit der wir uns selbst annehmen,
wie wir sind.

Thomas Merton

Ich bin berührt von Gott.

Ein umherirrender Aramäer war mein Vater.
Mit wenigen Leuten zog er hinab nach Ägypten
und hielt sich dort als Fremdling auf.
Als uns dann die Ägypter harten Sklavendienst
auferlegten, schrien wir zum Herrn,
und der Herr hörte auf unser Rufen
und sah unser Elend, unsere Mühsal und Bedrängnis.
Und der Herr führte uns aus Ägypten weg
unter Zeichen und Wundertaten.
Er brachte uns an diesen Ort, ein Land,
das von Milch und Honig fließt.

Nach Deuteronomium/5 Mose 26,5–9

Jesus stieg mit seinen Jüngern in ein Boot
und sprach zu ihnen: Wir wollen an das andere Ufer
des Sees hinüberfahren. Und sie fuhren ab.
Während sie dahinfuhren, schlief er ein.
Da stieß ein Sturmwind auf den See herab,
sie wurden überflutet und kamen in Gefahr.
Sie weckten ihn und riefen: Meister, Meister,
wir gehen zugrunde! Er aber erhob sich,
schalt den Wind und die Woge des Wassers,
und sie legten sich, und Stille trat ein.

Lukasevangelium 8,22–24

Guter Gott, ich danke dir für
diesen schönen Tag,
für alles, was ich heute erleben durfte.
Ich danke dir für diese vergangene Woche,
für alles, was du mir in dieser Woche
geschenkt hast.
Du warst in dieser Woche bei mir.
Du hast mir deine Engel geschickt,
damit sie mich begleiten und beschützen.
Du hast mir Menschen zur Seite gestellt,
die mir die Augen geöffnet haben
für die Wirklichkeit.
Du hast mich die Schönheit
deiner Schöpfung erleben lassen.

Du warst bei mir mit deinem Heiligen Geist.
Er war in mir eine Quelle,
aus der ich immer wieder schöpfen durfte,
wenn meine Kraft erschöpft war.
Du warst bei mir in deinem Sohn Jesus Christus.
Er ist mit mir meine Wege gegangen.
Er war bei mir in den Nächten,
in den Dunkelheiten,
in den Ängsten und in meiner Einsamkeit.
Aber er war auch bei mir in meiner Freude,
in meiner Dankbarkeit,
in den beglückenden Begegnungen
dieser Woche.

Du hast mir dein Wort geschenkt,
das mein Herz berührt hat.
In deinem Wort habe ich gespürt,
was wirkliches Leben ist.
Dein Wort hat meinem Leben
einen neuen Geschmack geschenkt,
den Geschmack göttlicher Liebe.
So möchte ich mit deinen eigenen Worten
diesen Tag beschließen, mit einem Psalmwort,
das du mir in den Mund legst,
damit ich das Geheimnis dieser Nacht
neu erlebe:

Du erfüllst mein Herz mit Freude,
mehr, als hätten wir Wein und Weizen im Überfluss.
Ich lege mich nieder und schlafe in Frieden,
denn du allein, Herr,
lässt mich in Sicherheit wohnen.

Psalm 4,8–9

MORGENGEBET FÜR JEDEN TAG

Ich spüre den

Geschmack

des Lebens.

Ich öffnete den Mund,
und der Engel gab mir die Buchrolle
mit den Worten des Herrn zu essen.
Und ich aß die Buchrolle,
und sie war in meinem Mund
wie süßer Honig.

Nach Ezechiel 3,1–3

Jesus spricht:
Ich bin gekommen,
damit sie Leben haben
und es in Fülle haben.

Johannesevangelium 10,10

Mein Gott, ich stehe auf in deinem Namen.
Ich erhebe mich in der Kraft, die du mir schenkst.
Segne diesen Tag.
Segne mich, dass ich heute
zu einer Quelle des Segens werden darf
für die Menschen, denen ich begegne.

Ich danke dir für die Nacht.
Du hast mir erholsamen Schlaf geschenkt.
Du hast zu mir gesprochen im Traum.
Du bist bei mir Tag und Nacht.
Schenke mir heute Achtsamkeit,
damit ich auf deinen Anruf achte,
auf deine leise Stimme in meinem Herzen.
Lass mich tun, wozu du mich heute berufst.

Du schenkst mir diesen neuen Tag,
damit ich ihn bewusst lebe,
damit ich das Geheimnis des Lebens erahne.
Lass mich jeden Augenblick gegenwärtig sein.
Lass mich den Geschmack des Lebens spüren.
Du bist in jedem Augenblick bei mir.
Du begegnest mir in den Menschen.
Du sprichst zu mir in den Ereignissen des Tages.
Schenk mir ein horchendes Herz, das bereit ist,
deinem Anruf zu gehorchen.

Jeder Tag kann der letzte sein.
Lass mich heute so leben,
als ob es der letzte wäre,
in Freiheit und Dankbarkeit,
mit offenem Gespür für das Geheimnis
in jedem Menschen, dem ich begegne,
für die Schönheit der Schöpfung,
für die Chance, die in jedem Augenblick liegt.

Gib mir ein dankbares Herz,
damit ich jede Minute dieses Tages
dankbar durchlebe, im Bewusstsein,
dass jede Zeit geschenkte Zeit ist,
Zeit, in der deine Ewigkeit einbricht
in meine endliche Zeit.

Herr Jesus Christus,
du gehst mit mir in diesen Tag.
Lass mich durchlässig sein für dich,
dass deine Barmherzigkeit aus meinen Augen sieht,
dass deine Milde in meinen Händen zu spüren ist,
dass dein Leben stiftendes Wort
in meinen Worten hörbar wird.
Handle du in mir und durch mich,
damit dein Heil heute die Menschen erreicht.

Glück besteht darin, herauszufinden,
was das eine Notwendige in meinem Leben ist,
und freudig auf den Rest zu verzichten.

Thomas Merton

Ich lasse
alles
los.

Mein Heil und meine Ehre,
sie sind bei Gott;
er ist der Fels meiner Kraft,
ja, Gott ist mir Zuflucht.

Psalm 62,8

Zum dritten Mal
sagte Jesus zu Petrus:
Simon, Sohn des Johannes, liebst du mich?
Da wurde Petrus traurig,
weil er ihn zum dritten Mal fragte.
Und er sagte zu ihm:
Herr, du weißt alles,
du weißt, dass ich dich liebe.

Johannesevangelium 21,17

Mein Gott, ich bin müde
von der Arbeit des Tages.
Ich kann keinen klaren Gedanken fassen.
Ich übergebe dir diesen Tag mit allem, was war,
mit dem, was gelungen und was misslungen ist,
was mich erfreut und was mich enttäuscht hat.

Vor dir gehe ich diesen Tag nochmals durch,
vom Aufstehen bis jetzt.
In jedem Augenblick warst du bei mir.
Du hast mich berührt im Wort der Schrift,
im Blick der freundlichen Verkäuferin,
in den zärtlichen Händen des Freundes.

Ich kann dir nichts vorweisen.
Aber ich bin dankbar,
dass ich diesen Tag erlebt habe
und dass du bei mir warst und mich beschützt hast.
Ich übergebe dir den Tag mit seinen Sorgen.
Ich lasse alles los, was war,
den Ärger, die Probleme, die aufgetaucht sind.
Ich kann sie jetzt nicht lösen.
Ich kann das misslungene Gespräch
nicht wiederholen.
Ich bitte dich, schaffe du aus dem,
was ich dir hinhalte, Segen und Heil.
Lass die Begegnungen
den Menschen zum Heil werden.

ABENDGEBET FÜR JEDEN TAG

Ich habe versucht, den Tag so zu leben,
wie es mir möglich war,
in deinem Geist zu handeln.
Ich weiß nicht, ob es mir gelungen ist.
Ich will das jetzt auch nicht prüfen.
Ich überlasse dir das Urteil
und vertraue mich
deiner barmherzigen Liebe an.
Lass mich in ihr geborgen sein und ausruhen,
damit ich morgen von dir aufgerichtet
den neuen Tag beginnen darf in deinem Namen
und in der Kraft deines Geistes.

Dass ich immer doch wohnen dürfte
in deinem Zelt,
im Schatten deiner Flügel geborgen.

Psalm 61,5

DAS VATERUNSER

In Gott finde ich
mein wahres
Selbst.

Du bist unser Vater;
unser Erlöser
ist von altersher dein Name.

Jesaja 63,16

Wenn ihr betet, so sprecht:
Vater,
geheiligt werde dein Name.
Dein Reich komme.
Unser notwendiges Brot gib uns täglich.
Und vergib uns unsere Sünden;
denn auch wir vergeben jedem, der uns schuldet.
Und führe uns nicht in Versuchung.

Lukasevangelium 11,2–4

DAS VATERUNSER

Vater unser im Himmel,
geheiligt werde dein Name.
Dein Reich komme. Dein Wille geschehe,
wie im Himmel so auf Erden.
Unser tägliches Brot gib uns heute.
Und vergib uns unsere Schuld,
wie auch wir vergeben unsern Schuldigern.
Und führe uns nicht in Versuchung,
sondern erlöse uns von dem Bösen.
Denn dein ist das Reich
und die Kraft und die Herrlichkeit
in Ewigkeit.
Amen.

Die Jünger waren fasziniert von der Art und Weise,
wie Jesus gebetet hat.
Vor allem der Evangelist Lukas
hat uns Jesus als den großen Beter geschildert.
Als Jesus einmal sein Gebet beendet hatte,
sagte einer der Jünger zu ihm:
„Herr, lehre uns beten,
wie schon Johannes seine Jünger beten gelehrt hat“
(Lukasevangelium 11,1).
Und Jesus lehrte sie das Vaterunser.

Im Matthäusevangelium ist dieses Vaterunser
eingebettet in die Bergpredigt
und in eine größere Unterweisung über das Beten.
Beim Beten sollen wir
zu unserem Vater im Verborgenen beten.
Beten geschieht in der Kammer unseres Herzens.

Gott ist nicht nur der Gott des Himmels,
sondern der Gott, der in der verborgenen Kammer
unseres Herzens wohnt.
Beten ist ein Zwiegespräch
mit dem Vater im Himmel
und dem Vater in uns.

Gott ist jedoch nicht nur Vater,
sondern zugleich Mutter.
Er ist der väterliche und mütterliche Gott,
der uns Geborgenheit schenkt,
der uns aber auch auffordert,
aus der Erfahrung Gottes heraus
neue Verhaltensweisen einzuüben.
Das Vaterunser steht im Matthäusevangelium
in der Mitte der Bergpredigt.

Wer im Gebet Gott als Vater und Mutter
erfährt, der wird fähig,
sich auf neue Weise zu verhalten,
der wird fähig zur Versöhnung
und zur Feindesliebe.
Beten drängt zum Tun.
Ora et labora, bete und arbeite,
hat es Benedikt genannt.

Vater unser im Himmel

Es ist nicht nur mein Vater,
sondern unser aller Vater,
zu dem ich beten soll.
So verbindet mich auch das persönliche Gebet
mit allen Menschen.
Und ich schaue auf von der Erde zum Himmel.
Gott bricht von oben ein in mein Leben.
Er öffnet den Himmel über mir,
damit ich einen weiten Horizont bekomme.

Geheiligt werde dein Name

Gott soll seinen Namen in dieser Welt heiligen.
Das geschieht, wenn seine Herrlichkeit
in dieser Welt aufstrahlt.
„Die Herrlichkeit Gottes –
das ist der lebendige Mensch",
sagt Irenäus.

Gottes Name wird geheiligt,
indem wir dem Bild entsprechen,
das Gott sich von uns gemacht hat,
wenn in uns etwas von Gottes Barmherzigkeit
und Liebe sichtbar wird.

Dein Reich komme

Gottes Reich, das meint:
Gott herrscht in der Welt und auch in mir.
Wenn Gott herrscht,
dann wird der Mensch wahrhaft frei,
dann entsteht auf der Erde Frieden und Eintracht.

Gottes Reich soll durch uns kommen.
Jesus deutet die Gebetsbitte des Vaterunsers
durch das Bild vom Salz der Erde
und vom Licht der Welt.
Indem wir durch unser versöhntes
und versöhnendes Verhalten
Licht in dieser Welt sind,
kommt Gottes Reich
durch uns in dieser Welt an.

Dein Wille geschehe,
wie im Himmel so auf Erden

Es gibt Menschen,
die diese Bitte nur mühsam
über die Lippen bringen.
Sie denken sofort daran, dass Gottes Wille
ihren eigenen Willen durchkreuzt.
Oft steckt dahinter das Bild
eines strengen Gottes, der mir nichts gönnt,
oder eines Willkürgottes,
auf den ich mich nicht verlassen kann.

Doch wenn Gottes Wille
in mir und für mich geschieht,
ist es letztlich mein Bestes.
„Gottes Wille – das ist eure Heiligung",
sagt Paulus (1 Thessalonicherbrief 4,3).
Gottes Wille ist, dass ich heil und ganz werde,
dass ich der werde, der ich eigentlich bin.
Gottes Wille – so deutet Jesus in der Bergpredigt
diese Bitte – geschieht auf Erden,
indem wir die Weisungen Jesu erfüllen,
indem wir die neue Gerechtigkeit leben,
die Feinde lieben und uns mit denen versöhnen,
die uns übel wollen.

Unser tägliches Brot
gib uns heute

Wir dürfen Gott um alles bitten,
was wir brauchen, auch um das tägliche Brot.
Wir sind bedürftig.
Und oft genug wissen wir nicht,
ob wir das, was wir unbedingt brauchen,
auch bekommen.
Aber die Bitte um das tägliche Brot
will uns auch die Augen dafür öffnen,
wo Gott andern das zum Leben Nötige
durch uns geben möchte.

Und vergib uns unsere Schuld,
wie auch wir vergeben unsern Schuldigern

Auch in dieser Bitte spüren wir die Verbindung
der grundlegenden Erfahrung Gottes
und eines neuen Verhaltens.
Dass Gott ein vergebender Gott ist,
der uns bedingungslos annimmt,
der das „Unannehmbare annimmt“ (Paul Tillich),
ist die Grundbotschaft Jesu.
Aus dieser Vergebung vermögen wir zu leben,
ohne uns ständig Selbstvorwürfe zu machen
oder uns mit Schuldgefühlen zu zerfleischen.
Aber die Erfahrung der Vergebung
fordert uns auch auf, einander zu vergeben.
Jesus koppelt unsere Vergebung
an das Nicht-Richten.

In der Vergebung höre ich auf,
den andern zu bewerten und zu beurteilen.
Ich lasse ihn, wie er ist.
Weil Gott mir vergeben hat,
mich so annimmt, wie ich bin,
darum versuche auch ich, das Werten zu lassen
und den andern bedingungslos anzunehmen.

Führe uns nicht in Versuchung,
sondern erlöse uns von dem Bösen

Mit dieser Bitte haben heute viele Menschen
ihre Schwierigkeiten. Sie meinen,
Gott könne doch nicht in Versuchung führen.
Diese Schwierigkeiten
haben schon die Kirchenväter gesehen.
Origenes übersetzt die Bitte daher:
„Lass uns der Versuchung nicht erliegen."
Vermutlich ist der ursprüngliche Sinn der Bitte:
„Lass uns nicht in Versuchung geraten."
Wir bitten Gott,
dass er uns vor der Versuchung bewahrt.

Die eigentliche Versuchung – so deutet
die Bergpredigt diese Bitte – ist die Verwirrung,
der Abfall von Gott.
Heute geraten viele in diese Verwirrung,
weil ihnen Gottesbilder vor Augen geführt werden,
die ihnen den wahren Gott
und ihr wahres Selbst verdunkeln.

Gott möge uns Klarheit schenken und die Kraft,
den geraden Weg zu gehen.
Und er möge uns vor dem Bösen bewahren.
Das Böse äußert sich in bösen Gedanken,
in zerstörerischen Trieben,
in schädlichen Leidenschaften.

In dieser Bitte halten wir Gott unsere Angst hin,
dass unsere Kräfte in der Versuchung
oder vom Bösen überfordert werden.
Und indem wir unsere Angst
Gott gegenüber aussprechen,
wächst das Vertrauen, dass Gott uns
in den Turbulenzen und Gefährdungen
unseres Lebens
in seiner Liebe bewahren wird.

So führt uns das Gebet,
das Jesus uns zu beten lehrt,
an die wesentlichen Erfahrungen
unseres Menschseins.
Und es führt uns zu dem Gott,
zu dem Jesus gebetet hat.
Das Gottesbild, das Jesus uns
in seiner Botschaft verkündet hat,
wird im Gebet konkret.
Da erleben wir Gott als den väterlichen
und mütterlichen Gott, der für uns eintritt,
der uns annimmt und vergibt
und der uns bewahrt vor dem,
was uns überfordert.

Aber wir erfahren auch den Gott,
der uns zu den Menschen sendet,
damit wir im Sinne unseres Betens
uns auch den Menschen gegenüber verhalten
und im Geist Jesu diese Welt
formen und gestalten.

ÜBER DEN AUTOR

Pater Anselm Grün

ist Benediktinermönch und leitet die Verwaltung der Abtei Münsterschwarzach. Er ist spiritueller Berater und Kursleiter für Meditation, tiefenpsychologische Traumdeutung und Kontemplation.

Im Verlag Herder sind unter anderen von ihm erschienen:

Die Bibel. Aus der Heiligen Schrift des Alten und Neuen Bundes. Einführungen und Meditationen von Anselm Grün (^{3}2003)

(zusammen mit Andreas Felger) *Engel – Bilder göttlicher Nähe. Aquarelle und Meditationen* (2004)

Dem Alltag eine Seele geben (2004)

Mit Herz und allen Sinnen. Jahreslesebuch (^{9}2003)

Der Himmel beginnt in dir. Das Wissen der Wüstenväter für heute (^{9}2004)

50 Engel für das Jahr (^{8}2004); auch als Herder Spektrum Taschenbuch (^{26}2004)

50 Engel für die Seele (^{5}2003); auch als Herder Spektrum Taschenbuch (^{6}2004)

Jeder Mensch hat einen Engel. Herder Spektrum Taschenbuch (^{14}2004)

Das kleine Buch vom wahren Glück (^{2}2004); auch als Herder Spektrum Taschenbuch (^{11}2004)

Buch der Lebenskunst (^{10}2004)

Buch der Sehnsucht (^{2}2003)

Mein Weg in die Weite. Zum Grund des eigenen Lebens finden (^{2}2004)